中国高考评价体系

教育部考试中心　制定

人民教育出版社
·北京·

图书在版编目（CIP）数据

中国高考评价体系 / 教育部考试中心制定. — 北京：人民教育出版社，2019.11（2025.8 重印）
ISBN 978-7-107-34106-9

Ⅰ. ①中… Ⅱ. ①教… Ⅲ. ①高考—教育评估—研究—中国 Ⅳ. ① G632.474

中国版本图书馆 CIP 数据核字（2019）第 254787 号

中国高考评价体系
ZHONGGUO GAOKAO PINGJIA TIXI

出版发行	人民教育出版社
	（北京市海淀区中关村南大街 17 号院 1 号楼　邮编：100081）
网　　址	http://www.pep.com.cn
经　　销	全国新华书店
印　　刷	北京盛通印刷股份有限公司
版　　次	2019 年 11 月第 1 版
印　　次	2025 年 8 月第 17 次印刷
开　　本	787 毫米 × 1092 毫米　1/16
印　　张	2.5
字　　数	22 千字
定　　价	12.00 元

版权所有・未经许可不得采用任何方式擅自复制或使用本产品任何部分・违者必究
如发现印、装质量问题，影响阅读，请与本社联系调换。电话：400-810-5788

目 录

一、总纲 / 1

  （一）高考评价体系构建的意义和原则 / 2
  （二）高考评价体系的内容与性质 / 6

二、一核——高考核心功能 / 9

  （一）立德树人 / 10
  （二）服务选才 / 11
  （三）引导教学 / 11

三、四层——高考考查内容 / 13

  （一）核心价值 / 13
  （二）学科素养 / 18
  （三）关键能力 / 23

（四）必备知识 / 26

四、四翼——高考考查要求 / 28

　　（一）基础性 / 29
　　（二）综合性 / 29
　　（三）应用性 / 30
　　（四）创新性 / 31

后记 / 33

一、总纲

2014年,《国务院关于深化考试招生制度改革的实施意见》出台,对加强高考内容改革顶层设计提出要求,明确指出要依据高校人才选拔要求和国家课程标准,科学设计命题内容。2018年,习近平总书记在全国教育大会上指出,要努力构建德智体美劳全面培养的教育体系,形成更高水平的人才培养体系;要深化教育体制改革,健全立德树人落实机制,扭转不科学的教育评价导向,坚决克服唯分数、唯升学、唯文凭、唯论文、唯帽子的顽瘴痼疾,从根本上解决教育评价指挥棒问题。考试招生制度是我国的基本教育制度,是立德树人落实机制的关键组成部分,必须维护和增强全国统一高考在人才选拔培养中的核心地位。为全面贯彻落实全国教育大会精神,2019年,教育部明确提出要立足全面发展育人目标,构建包括"核心价值、学科素养、关键能力、必备知识"在内的高考考查内容体系。这为科学构建中国高考评价体系提出了明确目标,提供了基本遵循。

中国高考评价体系是根据新时代党的教育方针与国家教育改革相关政策文件构建的、符合素质教育全面发展要求的、用于指导高考内容改革和命题工作的测评体系，主要包括高考的核心功能、考查内容、考查要求和考查载体等。中国高考评价体系通过解决"为什么考、考什么、怎么考"的问题，从高考层面对"培养什么人、怎样培养人、为谁培养人"这一教育根本问题给出了回答。中国高考评价体系的科学构建，是从根本上解决教育评价指挥棒问题的重大举措之一，也是健全立德树人落实机制、实现德智体美劳全面发展育人目标的必经之路。

（一）高考评价体系构建的意义和原则

高考评价体系是深化新时代高考内容改革的基础工程、理论支撑和实践指南，对发展素质教育、推进教育公平、实现教育现代化、建设教育强国、办好人民满意的教育具有重要意义；对实现学生健康成长、国家科学选才、社会公平公正的有机统一以及协调推进教育领域综合改革，都将发挥重要作用。

第一，高考评价体系是落实立德树人根本任务、发展素质教育的科学系统。它依托现代测评理论和技术，科学设定核心功能，精心设计考查内容、考查要求和考查载体，创造性地将立德树人根本任务融入考试评价过程，以实现高考评价目标与素质教育目标的内在统一，切实将高考打造成为立德树人的重要载体和素质教育的关键环节，成为德智体美劳全面培养的教育体系的有机组成部分。

第二，高考评价体系是发挥高考正向积极导向作用的坚实基础。它将国家和高校的选才需求与素质教育育人目标有机联通，是实现"招—考—教—学"全流程各个环节无缝衔接、良性互动的关键。高考评价体系通过创新评价方式、优化评价手段、深化命题实践改革，全面、客观、准确地测量和评价学生的综合素质，为打破"唯分数"的单一评价模式、构建多元评价体系创造条件。

第三，高考评价体系是教育公平的强力助推器。它奠定了坚实的命题理论基础，构建了科学严谨的学科命题指南，为确保高考的考试质量提供了充分的技术保障与体系支撑，有利于发挥考试对教育公平的促进作用。同时，高考评价体系提供的大量科学评价数据，还能为基础教育资源的公平配置和高等教育入学机会的公平分配提供科学依据，从而进一步促进教育公平的实现。

第四，高考评价体系是高考内容改革持续深化和教育领域综合改革纵深推进的重要保障。通过构建具有中国特色的高考评价体系，形成深化高考内容改革、持续指导命题实践的长效机制，能够更好地发挥高考评价在科学区分学生综合素质及选拔人才等方面的功能，为推进高考综合改革、优化高校招生综合评价机制奠定坚实基础。此外，高考评价体系高度契合高中课程改革理念，可以积极促进素质教育正向导向作用的发挥，为高中育人方式改革提供有力支撑。

构建具有中国特色的高考评价体系，要重点把握以下五个基本原则。

第一，突出方向性。高考评价体系的构建，始终坚持以习近平新时代中国特色社会主义思想为指导，全面贯彻党的教育方针，落实立德树人根本任务；坚持高考改革要有利于更好地为人民服务、为中国共产党治国理政服务、为巩固和发展中国特色社会主义制度服务、为改革开放和社会主义现代化建设服务；紧密围绕"培养什么人"这一教育首要问题，将培养德智体美劳全面发展的社会主义建设者和接班人作为根本任务。

第二，坚持科学性。高考评价体系从科教兴国战略和人才强国战略出发，依据高校人才选拔要求和国家课程标准，体现各类高校选拔人才的共性需求，科学把握教育教学、学生成长和人才选拔的规律，有效提升高考选才的效度。高考评价体系的研制过程严谨规范，坚持理论研究与实证分析相结合，在政策文件、基础理论、国际文献比较、基础教育课程方案和课程标准、高校人才培养方案、高校人才选拔需求等多个方面都进行了深入的研究，以确保体系内容的科学性。

第三，反映时代性。当今时代是知识经济时代，综合国力的竞争归根结底是人才的竞争。随着中国特色社会主义进入新时代，中华民族正加速迈向伟大复兴，人民群众对更高质量、更加公平、更具个性的教育的需求也更为迫切，这都对我国加快推进教育现代化、提升全民教育水平提出了更高的要求。高考改革事关教育现代化发展全局，要通过构建理念先进、面向未来的高考评价体系，更好地服务于新时代人才培养需求，促进人的全面发展，推动社会全面进步，助力实现《中国教育现代化2035》的规划目标。

第四，体现民族性。我国历史悠久绵长、文化博大精深，在长期的教育和考试发展历程中，形成了以德为先、注重公平、尊重知识等独具特色的人才培养和选拔观念。高考评价体系大力弘扬社会主义核心价值观和以爱国主义为核心的民族精神，契合我国注重教育、尊重人才的文化传统，突出重视伦理道德的教育思想和德才兼备的人才观，有助于培育能担当民族复兴大任的时代新人。

第五，突显公共性。高考是大规模高利害考试，又因社会环境和考试文化等因素而具有高度的复杂性和敏感性。面对多元化的现实期待和利益诉求，高考评价体系的设计坚持统筹兼顾，既要实现改革任务要求，又要满足人民群众的公平性诉求，确保选拔的科学性，避免应试教育的弊端，进而服务于国家的人才储备战略和现代化建设。作为人才选拔培养的核心环节，高考尤其注重与基础教育教学关系的处理。高考评价体系与高中课程改革的理念充分衔接契合，与高中育人方式改革同向同行，将进一步发挥对素质教育正向积极的促进作用。

（二）高考评价体系的内容与性质

高考评价体系主要由"一核""四层""四翼"三部分内容组成。其中，"一核"为核心功能，即"立德树人、服务选才、引导教学"，是对素质教育中高考核心功能的概括，回答"为什么考"的问题；"四层"为考查内容，即"核心价值、学科素养、关键能力、必备知识"，是素质教育目标在高考中的提炼，回答"考什么"的问题；"四翼"为考查要求，即"基础性、综合性、应用性、创新性"，是素质教育的评价维度在高考中的体现,回答"怎么考"的问题。同时,高考评价体系还规定了高考的考查载体——情境,以此承载考查内容,实现考查要求。

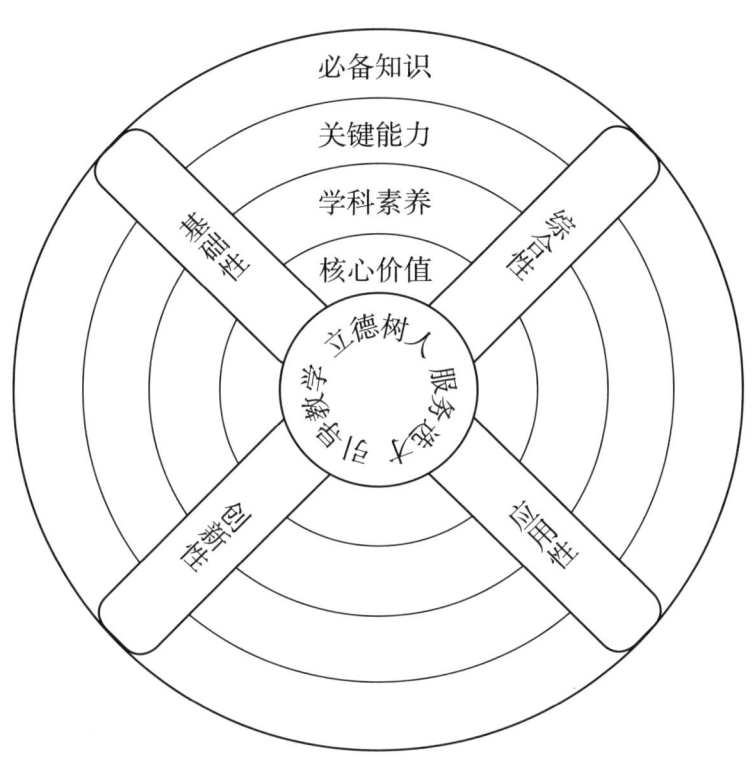

图1　中国高考评价体系

高考评价体系是"一体两面"的综合体系。首先,它是评价考生素质的理论体系。以"四层"为考查内容,评价考生素质内涵;以"四翼"为考查要求,评价学生素质达成度。其构建始于对教育根本问题的思考和回答,是素质教育要求在高考中的理论呈现。其次，它是指导和评价高考命题的实践体系。通过"四层"规定命题内容、"四翼"保障命题水平，高考评价体系将有力促进高考内容改革和命题质量的提升。

高考评价体系是对中国特色教育评价理论的丰富和发展，将持续推进我国高考内容改革的深化。它将在今后的高考实践中接受检验并不断完善，为更好落实立德树人根本任务、培养德智体美劳全面发展的社会主义建设者和接班人提供坚强保障。

高考评价体系是高考命题、评价与改革的理论基础和实践指南，主要供高考命题人员、高考研究人员、教育考试管理人员以及广大师生学习参考使用。

二、一核——高考核心功能

中国特色社会主义进入新时代,社会主要矛盾的新变化、党和国家事业的新发展、人民群众对优质教育的新向往,都对高考提出了新任务、新要求。高考是国家选拔人才的重要途径,不仅承载选拔和评价的功能,而且是实现立德树人的重要载体和素质教育的关键环节。

高考评价体系的核心目标,即坚持以习近平新时代中国特色社会主义思想为指导,落实立德树人根本任务,充分发挥考试的引导作用,切实体现高考的育人功能,形成人才选拔、考试评价、教育引导和教学反拨的一体化新格局。

高考"立德树人、服务选才、引导教学"的核心功能,紧紧围绕"培养什么人、怎样培养人、为谁培养人"这一教育根本问题,全方位、系统化地阐释"为什么考"的问题。"一核"既是对素质教育中高考核心功能的高度概括,又是使高考内容改革始终坚持正确方向、不断巩固和提升高考为国选才育人水平的前提和根本保障。

（一）立德树人

高考必须坚持立德树人。习近平总书记在全国教育大会上指出，要把立德树人融入思想道德教育、文化知识教育、社会实践教育各环节，贯穿基础教育、高等教育等各领域，教学体系也要围绕这个目标来设计。高考作为连接基础教育和高等教育的关键环节，必须以习近平新时代中国特色社会主义思想为指导，全面贯彻党的教育方针和全国教育大会精神，强化理想信念、爱国主义情怀、品德修养、知识见识、奋斗精神、综合素质等方面的考查要求，引导学生培育和践行社会主义核心价值观，弘扬中华优秀传统文化、革命文化和社会主义先进文化，树立正确的历史观、民族观、国家观、文化观，切实增强中国特色社会主义道路自信、理论自信、制度自信、文化自信，从而全面彰显高考的育人功能。

（二）服务选才

高考必须坚持服务选才。立足于服务国家、服务高校选才这一基本点，高考要为国家和高校选拔出符合要求的新生。因此，高考要紧密围绕科学选才、提高质量、促进公平的目标，进一步探索和完善评价人才的方法，使人才选拔标准更全面、方式更科学；要保证较高的信度和效度，保证适宜的考试区分度，促进人才合理分流、配置，更好地适应国家经济社会发展对多样化、高素质人才的需求，为建设人力资源强国提供有力保障。

（三）引导教学

高考必须坚持引导教学。作为大规模高利害考试，高考客观上对高中教学起到重要的引导作用。高考结果直接影响学生获得的教育资源和将来的发展，甚至影响对地方教育发展的成效评价和资源投入。因此，高考对基础教育教学的引导作用具有较强的现实动能和深厚的社会根基。

高考评价体系将"引导教学"纳入核心功能，有利于理顺教考关系，增强"以考促学"的主动意识。通过考试改革，紧密对接高中育人方式改革，进一步健全立德树人落实机制，完善德智体美劳全面培养的育人体系，着力扭转教育的功利化倾向，提升教育评价水平并发挥正向积极的导向作用；通过高考改革与基础教育、高等教育改革的协调推进，在实现高校人才选拔目标的同时，高度契合高中课程改革的培养目标和评价目标，从而达到理顺教考关系、实现"以考促教、以考促学"的目的，促进立德树人根本任务的落实，共同形成更高水平的全面培养体系。

高考评价体系以党的教育方针、国家发展需求、高校选才要求为方向，实现正确引导；充分考虑国家课程标准内容、教学实际情况，实现科学引导；重点关注教考关系，灵活调整引导方法和手段，实现有效引导。

立德树人是教育的根本任务，在教育改革中发挥着统领作用，决定着高考的前行方向和价值取向。服务选才和引导教学既各有侧重又相互关联，是高考落实立德树人根本任务的两个基本手段。"立德树人、服务选才、引导教学"构成整体的功能机制，体现了高考在人才选拔培养中的核心地位和关键作用。

三、四层——高考考查内容

根据高校人才选拔要求和国家课程标准,遵循考试评价的规律,高考评价体系将应考查的素质教育目标凝练为"核心价值、学科素养、关键能力、必备知识"的"四层"考查内容。在"四层"的构建中,"核心价值"指明立德树人根本任务,起到方向引领作用;"学科素养"承接核心价值的方向引领,统摄关键能力与必备知识;"关键能力"是支撑和体现学科素养要求的能力表征;"必备知识"是培养能力、达成素养的基础。"四层"紧密关联,构成有机整体,使素质教育目标在高考中得到系统的体现。

(一)核心价值

核心价值是指即将进入高等学校的学习者应当具备的良好政治素质、道德品质和科学思想方法的综合,是在各学科中起着价值引领作用的思想观念体系，是其在面对现实的问题情境时应当表现出的正确的情感态度和价值观的综合。核心价值旨在通过学校教育和社会实践等多种途径，将学生培养成为拥护中国共产党领导和社会主义制度、立志为中国特色社会主义奋斗终身的建设者和接班人。

培养学生良好的政治素质、道德品质和科学思想方法，是解决"培养什么人、怎样培养人、为谁培养人"这一教育根本问题的关键。核心价值集中反映党的教育方针和立德树人根本任务，体现德智体美劳全面发展的育人目标，在高考评价体系的考查内容中居于首要位置，引领其他三项考查内容。

核心价值主要包含"政治立场和思想观念、世界观和方法论、道德品质和综合素质"3个一级指标和10个二级指标。

"政治立场和思想观念"是指即将进入高等学校的学习者应当具备的正确政治立场、态度和基本观念，包含理想信念、爱国主义情怀、以人民为中心的思想和法治意识等方面的基本要求。

"世界观和方法论"是指即将进入高等学校的学习者应当掌握的马克思主义世界观和方法论，包含辩证唯物论、唯物辩证法和唯物史观的基本观点和方法论要求，属于科学思想方法的范畴。

"道德品质和综合素质"是指即将进入高等学校的学习者应当具备的社会主义道德情操、意志品质和精神情怀，包含品德修养、奋斗精神、责任担当、健康情感和劳动精神等方面的基本要求。

表1　核心价值指标体系

一级指标	二级指标	指标内涵
政治立场和思想观念	理想信念	学习领会马克思主义，特别是习近平新时代中国特色社会主义思想。树立共产主义远大理想和中国特色社会主义共同理想，增强中国特色社会主义道路自信、理论自信、制度自信、文化自信，立志肩负起实现中华民族伟大复兴中国梦的时代重任。
	爱国主义情怀	热爱和拥护中国共产党。认同中华人民共和国，认同中华民族，厚植爱国主义情怀，自觉维护民族团结和国家统一，维护国家尊严与利益。认同中华文化，弘扬中华优秀传统文化，继承革命文化，发展社会主义先进文化。

续表

一级指标	二级指标	指标内涵
政治立场和思想观念	以人民为中心的思想	理解人民群众是历史的创造者，是决定党和国家前途命运的根本力量。树立为人民服务的思想，立志扎根人民、奉献祖国。
	法治意识	树立宪法法律至上、法律面前人人平等的法治理念。理解全面推进依法治国必须坚持党的领导、人民当家作主、依法治国的有机统一。能够尊法学法守法用法，自觉参加社会主义法治国家、法治社会建设。能够依法行使权利、履行义务，维护公平正义，做中国特色社会主义法治的忠实崇尚者、自觉遵守者、坚定捍卫者。
世界观和方法论	正确的世界观和方法论	坚持辩证唯物主义，坚持无神论，反对唯心主义。一切从实际出发，实事求是，尊重客观规律。相信科学，尊重事实，追求和传播真理。坚持唯物辩证法，反对形而上学，坚持用联系、发展、矛盾的观点观察和分析问题，善于透过现象看本质。坚持理论联系实际，在实践中检验真理、修正错误。坚持历史唯物主义，反对历史虚无主义。能够运用历史唯物主义的观点、方法观察分析社会历史现象，正确认识社会发展规律，顺应改革发展潮流。

续表

一级指标	二级指标	指标内涵
道德品质和综合素质	品德修养	培育并践行社会主义核心价值观，有大爱大德大情怀。遵守社会公德和职业道德，崇尚家庭美德，培育个人品德。理性面对当代社会经济、文化、科技、环境等方面的伦理问题与伦理冲突，自尊自信、意志坚强。
	奋斗精神	树立高远志向，认同奋斗成就幸福、奋斗者最幸福的观念。历练不懈奋斗的精神，具有勇于奋斗的精神状态、乐观向上的人生态度，做到刚健有为、自强不息。
	责任担当	具有社会责任感，积极承担社会责任、履行义务。具有集体主义精神，以国家利益和集体利益为先。积极维护公共利益，关注并参与人类命运共同体的构建。有序参与社会公共事务，行使人民当家作主的政治权利。
	健康情感	具有健康意识，注重增强体质、健全人格、锤炼意志，珍爱生命，热爱生活。具有高雅的审美情趣和良好的审美意识，在生活中能够感受美、鉴赏美、创造美。
	劳动精神	崇尚劳动、尊重劳动，认同劳动最光荣、劳动最崇高、劳动最伟大、劳动最美丽的观念。坚持以辛勤劳动、诚实劳动、创造性劳动实现自己的人生价值，愿意为国家富强、社会进步和人民幸福而辛勤工作。

（二）学科素养

学科素养是指即将进入高等学校的学习者在面对生活实践或学习探索问题情境时，能够在正确的思想价值观念指导下，合理运用科学的思维方法，有效整合学科相关知识，运用学科相关能力，高质量地认识问题、分析问题、解决问题的综合品质。学科素养通过基础教育阶段的学科教学培养形成，既是基础教育培养目标的要求，也是高校人才选拔的要求。

学科素养融会国家课程标准中的核心素养要求和高校人才选拔要求中的素养内涵，基于理论逻辑分析与实证调研结果，构建出适合在考试评价中表达和测量的指标体系。学科素养包括"学习掌握、实践探索、思维方法"3个一级指标和9个二级指标。

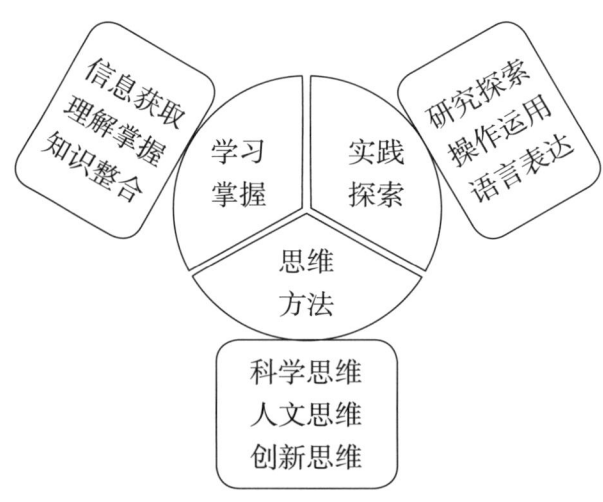

图2　学科素养指标体系

"学习掌握"是指学习者在面对生活实践或学习探索问题情境时，进行有效输入、编码、储存各种形式的信息的综合品质。从人类学习的认知机制来看，"学习掌握"是认知加工和行动输出的前提和基础。在信息时代，新知识、新方法、新技术不断涌现，个体必须能够通过各种渠道获得所需要的信息，能够在原有的知识基础上理解新信息并将其纳入学科的基本知识结构中，能够根据已接收的新信息与解决问题的需要建立各种知识组合。"学习掌握"包含3个二级指标：信息获取、理解掌握、知识整合。

"实践探索"是指学习者在面对生活实践或学习探索问题情境时，组织整合相应的知识与能力、运用不同的技术方法进行各种操作活动以解决问题的综合品质。"实践探索"包括认知操作和行动操作两个方面，是个体改造世界的核心品质。"实践探索"是信息输入和认知加工之后的必然结果，是完成认知学习和实践的关键环节。"实践探索"包含3个二级指标：研究探索、操作运用、语言表达。

"思维方法"是指学习者在面对生活实践或学习探索问题情境时，进行独立思考和探索创新的内在认知品质。"思维方法"是思维的品质、方式和能力的综合，是个体高质量地解决生活实践或学习探索情境中的各种问题的基础。"思维方法"是认知加工的关键构件，是个体在信息时代所必须具备的核心认知品质，也是未来社会人才所需要的终身素养。"思维方法"包含3个二级指标：科学思维、人文思维、创新思维。

表2　学科素养指标体系

一级指标	二级指标	指标表现
学习掌握	信息获取	适应社会信息化趋势，通过各种方式与渠道获取信息，根据应对问题情境的需要，合理地组织、调动各种相关知识与能力，完成信息获取活动。
	理解掌握	根据应对问题情境的需要，合理地组织、调动各种相关知识与能力，系统化、多层面、多角度地对新信息进行加工处理，融会贯通地把握新信息的实质，把握新旧信息的联系，形成对新信息的准确判断、分析与评价。
	知识整合	根据应对问题情境的需要，合理地组织、调动各种相关知识与能力，对获得的学科知识和相关信息进行概括整合，形成与生活实践或学习探索问题情境对应的产生式系统，能够将新获得的知识纳入已有知识结构或知识体系，对原有的知识结构进行合理的调整。

续表

一级指标	二级指标	指标表现
实践探索	研究探索	根据应对新的问题情境的需要，合理地组织、调动各种相关知识与能力，实施调研、探究或实验活动。分析结果，提出新观点或发现新问题，寻求有效的问题解决方法。
	操作运用	根据应对问题情境的需要，合理地组织、调动各种相关知识与能力，运用实验等动手操作方法，探究所要解决的生活实践或学习探索情境中的各种问题。综合各种技术方法进行组合创新，将创意或方案转化为有形物品或对已有物品进行改进与优化，创新性地解决现实情境问题。
	语言表达	根据应对问题情境的需要，合理地组织、调动各种相关知识与能力，准确传达信息并进行交流沟通。能够根据具体情境的不同，选用口语、书面语等不同语体并灵活转换。熟练运用图像、图表、图片表达思维、观点，借助口语、书面语或绘图等方式表达抽象的概念。灵活运用各种文本形式准确表达个人的情感、思维和观点。能够根据情境需要，运用外语进行交流。

续表

一级指标	二级指标	指标表现
思维方法	科学思维	采用严谨求真的、实证性的逻辑思维方式应对各种问题。能够根据对问题情境的分析，运用实证数据分析事物的内部结构和问题的内在联系，以抽象的概念来反映客观事物的本质特征和内在联系。运用抽象与联想、归纳与概括、推演与计算、模型与建模等思维方法来组织、调动相关的知识与能力，解决生活实践或学习探索情境中的各种问题。
	人文思维	运用历史的、辩证的、审美的、系统的思维方式应对各种问题。能够根据对问题情境的分析，从多元性、情境性、关联性、层次结构性、动态平衡性、开放性和时序性等方面把握问题与事物的本质。综合运用联想、类比、引申等思维方法，组织、调动相关的知识与能力，解决生活实践或学习探索情境中的各种问题。
	创新思维	运用开放性、创新性的思维方式应对问题情境，组织相关的知识与能力，注重独立性、批判性、发散性的思考。综合运用直觉的、顿悟的、灵感的、形象的、逻辑的方法，提出新视角、新观点、新方法、新设想，创新性地解决生活实践或学习探索情境中的各种问题。

（三）关键能力

关键能力是指即将进入高等学校的学习者在面对与学科相关的生活实践或学习探索问题情境时，高质量地认识问题、分析问题、解决问题所必须具备的能力。它是使学习者适应时代要求并支撑其终身发展的能力，是培育核心价值、发展学科素养所必须具备的能力基础，是高水平人才素质的重要组成部分。

基于学科素养导向，承接学科素养要求，结合学生认知发展实际，高考评价体系确立了符合考试评价规律的三个方面的关键能力群：第一方面是以认识世界为核心的知识获取能力群；第二方面是以解决实际问题为核心的实践操作能力群；第三方面是涵盖了各种关键思维能力的思维认知能力群。根据高考的特征，高考评价体系将这三个方面关键能力的发展水平作为主要考查内容，以区分学生综合能力水平的高低，引导基础教育对学生综合能力的培养。

1. 知识获取能力群

"知识获取能力"是指学习者在面对与学科相关的生活实践或学习探索问题情境时，客观描述世界、科学解释世界的过程中表现出的稳定的个性心理特征，是个体认识世界、学会学习所必须具备的关键能力。主要包括：语言解码能力、符号理解能力、阅读理解能力、信息搜索能力、信息整理能力，等等。

经过素质教育的培养，知识获取能力强的学习者应当能够阅读和理解学科的各种主要文本、基本符号，能够客观全面地获取相关信息，能够从情境中提取有效信息；能够准确概括和描述学科所涉及基本现象的特征及其相互关系，并从中发现问题；能够透过现象看到本质，发现隐含的规律或原理；能够对学科基本知识进行结构化理解，形成学科知识网络。

2. 实践操作能力群

"实践操作能力"是指学习者在面对生活实践或学习探索问题情境时，进行学以致用的学科认知操作和行动操作的过程中表现出的稳定的个性心理特征，是理论联系实际所必须具备的能力基础。主要包括：实验设计能力、数据处理能力、信息转化能力、动手操作能力、应用写作能力、语言表达能力，等等。

经过素质教育的培养，实践操作能力强的学习者应当能够根据实验目的和要求，设计合理的实验方案，进行正确的实验操作，科学收集、处理并解释实验数据；能够根据行为目标和面临的客观条件，设计或选择解决问题的最佳方案；能够对问题解决方案的合理性、可行性进行基于事实和逻辑的论证；能够根据方案的实践结果不断修正和改进方案；能够运用口头语言和书面语言进行沟通交流，准确表达自己的看法，通过合作解决问题。

3. 思维认知能力群

"思维认知能力"是指学习者在面对生活实践或学习探索问题情境时，进行学科认知加工的过程中表现出的稳定的个性心理特征，是学习者在秉持科学态度，运用严谨的理性思维和丰富的感性思维，发现新问题、运用新方法、解决新问题、获得新结论的过程中表现出来的思维能力，是激发个体好奇心、想象力、塑造创新人格所必须具备的能力基础。主要包括：形象思维能力、抽象思维能力、归纳概括能力、演绎推理能力、批判性思维能力、辩证思维能力，等等。

经过素质教育的培养，思维认知能力强的学习者应当能够独立思考，通过自己的逻辑思辨，发表独立的、有创造性的看法；能够从多个视角观察、思考同一个问题；能够灵活地、创造性地运用不同方法，发散地、逆向地解决问题；能够通过敏锐的洞察能力，发现复杂、新颖情境中的关键事实特征和有价值的新问题；能够将所学知识迁移到新情境，解决新问题，得出新结论，并且能够科学地反思和验证自己的新结论，以确保新结论的可靠性。

（四）必备知识

必备知识是指即将进入高等学校的学习者在面对与学科相关的生活实践或学习探索问题情境时，高质量地认识问题、分析问题、解决问题所必须具备的知识。它是由人文社会科学和自然科学各学科的基本事实、基本概念、基本技术与基本原理组成的基本知识体系。这一知识体系由陈述性知识和程序性知识构成，是应对情境所必须具备的各种复杂的产生式系统。必备知识与关键能力一样，是学科素养的基础支撑。

基于学科素养导向的原则，对于经过高中阶段学习、即将进入高等学校的学习者而言，在知识领域方面的要求是：理解并掌握人文社科的基本问题、基本原理与基本思想，尤其是人文思想的正确立场、观点与方法；理解并掌握基本的科学知识与技术、科学精神与思维方法；掌握运用语言或其他符号形式进行表达的知识。对知识组织方式的要求是：掌握并形成人文社会科学和自然科学各学科的基本知识结构，包括整体知识框架以及基本事实、基本概念、基本原理、基本技术与方法，其中整体知识框架与基本事实以陈述性知识形态掌握并形成知识结构，基本概念、基本原理、基本技术与方法以程序性知识形态掌握并保持；语言或符号表达的知识以程序性知识形态掌握并保持。

四、四翼——高考考查要求

高考评价体系的"四翼"考查要求立足于素质教育应达成的内容表现与形式表现,是在高考中对素质教育进行评价的基本维度。它既回答了在德智体美劳全面培养的素质教育体系中高考"怎么考"的问题,也回答了在高考这一素质教育的关键环节中如何科学评价学生综合素质的问题。"四翼"考查要求一方面体现了高校在人才选拔中对学生素质进行评价的要求,另一方面也对普通高中学业质量达标水平、学生核心素养达成水平以及高中素质教育发展水平在高考评价中作出了解读。因此,"四翼"既是落实高考"服务选才"功能的着力点,又是发挥高考"引导教学"功能的抓手。

在高考命题的实施过程中,"四翼"是联结"四层"高考考查内容与高考命题实践的纽带。高考评价体系通过"四翼"实现对学生"四层"的有效考查,也通过"四翼"实现对高考试题质量的有效评价。因此,"四翼"不仅是评价学生素质高低的基本维度,也是评价高考试题质量优劣的基本指标。

（一）基础性

素质教育各个阶段的教育教学目标具有一定的连续性，这主要体现在前一阶段学习成果是后一阶段学习成果的基础。扎实牢靠的学习成果是学生求真理、悟道理、明事理的坚实基础。对于即将进入高等学校的学习者来说，应该为继续学习和终身发展打下牢固的基础。基础扎实的学习者能够在广阔的学科领域中准确理解并熟练掌握主干内容，具备应对生活实践或学习探索问题情境的基本知识、基本能力与基本素养，具备进入高等学校进行专业学习和终身发展所需要的必备知识、关键能力和学科素养。

基础性包括学科内容的基本性、通用性以及情境的典型性。它要求以生活实践或学习探索中最基本的问题情境作为任务创设和基本知识能力运用考查的载体，对即将进入高等学校的学习者应掌握的学科基本概念、原理、技能和思维方法进行测量与评价。

（二）综合性

综合素质的培养是德智体美劳全面培养教育体系的基

本要求。具备良好综合素质的学习者能够综合运用科学的思维方法，合理地组织、调动不同学科的相关知识与能力，高质量地应对生活实践或学习探索中的复杂问题情境，能够触类旁通、举一反三，甚至融会贯通。具体而言，对同一层面的知识、能力、素养能够横向融会贯通，形成完整的知识结构、能力结构网络；对不同层面的知识、能力、素养能够纵向融会贯通，了解必备知识与关键能力、学科素养、核心价值之间是紧密相连、具备内在逻辑联系的整体。

综合性不仅针对学科内容，还包括情境的复杂性。从学科内容选择的角度看，综合性要求以多项相互关联的活动组成的复杂情境作为载体，能够反映学科知识、能力内部的整合及其综合运用，体现对即将进入高等学校的学习者知识、能力、素养之间的纵向整合能力以及综合运用水平的测量与评价。

（三）应用性

素质教育的根本任务在于培养社会主义建设者和接班人，培养能够扎根人民、奉献国家、肩负民族复兴使命的时代新人。素质教育培养出的合格人才应该能够学以致用，能够探索并解决日常生活、学术科研、国家发展乃至人类社会所面临的各种问题。在应用性方面表现出色的学生善于观察各种现象，能够主动灵活地应用所学知识分析并解决社会生活实践中的问题，高度关注与国家经济社会发展、科学技术进步、生产生活实际等紧密相关的内容与问题，具备良好的实际问题解决能力。

应用性要求以贴近时代、贴近社会、贴近生活的生活实践或学习探索问题情境为载体，将陈述性知识与程序性知识的有机整合和运用作为考查目标，设计生产生活中的实际问题，体现对即将进入高等学校的学习者迁移课堂所学内容、理论联系实际水平的测量与评价。

（四）创新性

素质教育的突出特征之一是对创新性的强调。德智体美劳全面培养的教育体系突出对创新思维的培养，国家科教兴国和人才强国战略也将创新型人才培养作为重要方向。发散思维、逆向思维、批判性思维等思维品质是创新思维的重要特征。具备良好创新思维的学生能够摆脱思维定势的束缚，善于独立思考，大胆创新创造。他们具备敏锐发现旧事物缺陷、捕捉新事物萌芽的能力，具备推测、设想并周密论证的能力，具备探索新方法、积极主动解决问题的能力。

创新性要求创设合理情境，设置新颖的试题呈现方式和设问方式，要求对即将进入高等学校的学习者在新颖或陌生的情境中主动思考，完成开放性或探究性的任务，发现新问题、找到新规律、得出新结论的水平进行测量与评价。

后 记

高考是一项具有鲜明中国特色的基本教育考试制度。教育部考试中心（原国家教委考试管理中心）自1987年成立以来，一直在教育部领导下承担高考命题工作，始终将推进高考内容改革作为命题工作的重要基础，多年来进行了持续而深入的研究，积累了丰富的理论与实践经验。2014年，《国务院关于深化考试招生制度改革的实施意见》对高考内容改革提出了新的时代要求，教育部考试中心构建高考评价体系的研究工作随之启动。

为使高考内容改革研究更能体现全国教育大会精神，符合新时代教育改革发展的根本遵循，保证改革的理论成果更加科学系统，实践指导作用更为持久长效，教育部考试中心根据教育部高考内容改革的工作部署，创造性地提出构建高考理论与实践体系的构想，并组织华南师范大学、北京师范大学、华东师范大学、华中师范大学和陕西师范大学的150余位专家学者，将全国划分为五大片区，对基础教育和高等教育进行了广泛的实证调查研究。同时，对国家政策文件、国家课程方案和课程标准、高校人才培养方案、高校人才选拔需求、基础理论等内容进行了系统的文献梳理和分析研究，最终形成理论性与现实性相结合、国际化与民族化相结合、基础教育与高等教育相衔接的研究成果——中国高考评价体系。中国高考评价体系有助于充分发挥高考育人功能和积极的导向作用，对于全面贯彻党的教育方针、健全立德树人落实机制、发展素质教育、推进教育公平、办好人民满意的教育，具有重大而深远的意义。本次出版的《中国高考评价体系》和《中国高考评价体系说明》是对中国高考评价体系核心内容的精练呈现。

中国高考评价体系的研究和构建，以及《中国高考评价体系》《中国高考评价体系说明》的编写出版，得到了社会各界的高度关注和广泛支持。各级教育行政管理部门、各相关高校和研究机构提供了大量的文献资料，教育学者、高考学科测评专家、课程标准研发人员、中学教师及各界相关人员提供了大量的宝贵意见和建议。人民教育出版社为本书的出版提供了大力帮助。在此，谨对上述参与和支持本书研究出版的单位和个人表示衷心的感谢！同时希望广大读者对本书的错谬之处提出批评指正。

编　者

2019年8月